Franz Weiss

D1829937

Basteln mit Sperrholz und Balsaholz

Das Basteln mit Sperrholz und Balsaholz begeistert Jungen und Mädchen gleichermaßen.
Mit diesem Buch wende ich mich an die heranwachsenden Bastler und Hobbykünstler. Ich zeige Beispiele, was man aus Sperrholz herstellen kann. Die ausführlichen Anleitungen und Schnittmuster in Originalgröße werden mithelfen, daß alles gelingt.
Aber es ist ja auch nicht schlimm, wenn doch einmal etwas danebengeht. Nur nicht den Mut verlieren! Beim nächsten Anlauf klappt es bestimmt.

ISBN 3-7724-1096-0 · Best.-Nr. 1096 · © Copyright 1987 by Frech

1. 2. 3. 4. 5. Auflage: Erste Zahl maßgebend:

frech-verlag

Jahr: 1991 90 89 88 87 Letzte Zahl maßgebend

Printed in Western Germany · Druck: Frech, Stuttgart-Weilimdorf

Das Basteln mit Sperrholz und Balsaholz in der Familie macht nicht nur den Kindern Spaß, sondern auch den Erwachsenen. Fragt doch einmal eure Eltern, ob sie einen Nachmittag für euch Zeit haben . . .

Die Arbeitstechnik

Die Zeichnungen werden mit Hilfe von Kohlepapier auf das Holz übertragen.

Zum Aussägen der Gegenstände verwenden wir – der jeweiligen Holzstärke entsprechend – feine, mittlere oder starke Sägeblätter, d.h. bei einer Stärke von 3-4 mm ein feines Sägeblatt (Nr. 0), bei 5-6 mm ein mittleres (Nr. 3), über 6 mm Sperrholz sägen wir mit dem Sägeblatt Nr. 6.

Balsaholz bis zu 3 mm Stärke wird mit dem Schneidemesser ausgeschnitten, dickeres Balsaholz mit einem feinen Sägeblatt ausgesägt.

Wir sägen gleichmäßig und nicht zu schnell. Das Sägeblatt soll senkrecht zum Holz stehen. Eine gute Auflage auf dem Sägebrettchen ist wichtig. Das Holz soll möglichst fest liegen, damit es nicht hin- und herrutscht.

Soll in einem Stück innen etwas ausgesägt werden, wird das Sägeblatt auf einer Seite

. . . *und wenn nicht, dann helfen euch vielleicht gern ältere Geschwister oder Freunde. Zusammen in der Gruppe kann man sich gegenseitig unterstützen und kleine Tips geben.*

gelöst, durch ein vorgebohrtes Loch hindurchgeführt und dann wieder in den Bogen eingespannt.

Alle ausgesägten Teile anschließend mit groberem und feinerem Sandpapier glätten.

Die Modelle werden nach eigenem Geschmack entweder naturfarbig belassen oder mit Hobbyfarben bemalt. Eine abschließende Lackierung – Hochglanz- oder Seidenglanzlack – schützt das Holz.

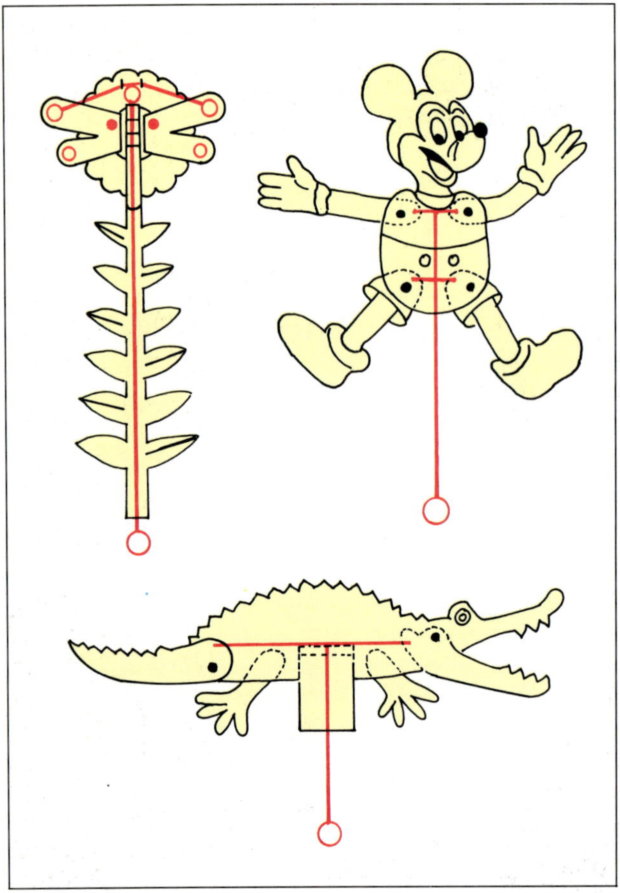

Diese Werkzeuge brauchen wir:

1. Laubsäge mit elastischem Bügel und guten Flügelschrauben
2. Laubsägebrett mit Zwinge
3. Drillbohrer
4. Raspeln (grob, mittel, fein)
5. Feilen (grob, mittel, fein)
6. Sortiment Sägeblätter (fein, mittel, stark)
7. Schneidemesser
8. Kombizange
9. Kleiner Hammer
10. Schraubenzieher
11. Anschlagwinkel
12. Schmirgelpapier

Material:

1. Sperrholz (1-16 mm stark)
2. Balsaholz (2-10 mm stark)
3. Kleine Nägel, Schrauben
4. Holzleim, UHU Alleskleber
5. Beize, Hobbyfarben
6. Farbloser Lack

Bewegliche Tiere

Ein Faden macht's möglich.
Wer hat in seiner Kindheit nicht mit einem Hampelmann gespielt? Der gleiche Bewegungsmechanismus läßt sich auch bei Tieren anwenden.
Der Fadenverlauf wurde hier rot eingezeichnet. Die beweglichen Körperteile werden mit Briefklammern oder mit Schrauben zusammengehalten. Eine Bemalung können Sie nach eigener Phantasie vornehmen.
Die Originalgröße der beweglichen Tiere ist dem Schnittmusterbogen zu entnehmen.

Pflanzenpresse

Es ist kein Problem, eine Pflanzenpresse selbst zu bauen! Sie brauchen nur die Zeichnung vom Beilagebogen auf das Sperrholz übertragen und aussägen.
Auf Wanderungen sammeln wir Pflanzen, die in feuchtes Zeitungspapier eingewickelt werden, so daß sie frisch bleiben, bis wir nach Hause kommen. Zum Pressen werden Blätter und Blüten fein säuberlich zwischen Löschkartons gelegt. Dicke Pflanzenteile (Stengel) halbiert man mit einem scharfen Messer oder mit einem Skalpell.

Bis zum anderen Tag können wir so mehrere Pflanzenschichten pressen. Die gepreßten Pflanzen werden nach eigenen Vorstellungen so geordnet, so daß mit ihnen Mappen angelegt werden können, die bei entsprechender Beschriftung zu einem sinnvollen Herbarium werden.
Viel Spaß macht es natürlich auch, die gepreßten Blätter, Blumen und Gräser auf farbigem Karton oder zart getöntem Japanpapier zu arrangieren.
Wer mehr über dieses Thema wissen möchte, findet weitere Informationen in dem TOPP-Buch Nr. 1008.

Als Material brauchen wir:

1 Stück Sperrholz 22 × 45 cm, 10 mm stark
4 Schloßschrauben 5-6 cm lang, ∅ 6 mm, mit Flügelmuttern
Grundierweiß, Außenlack, Plakafarbe

So wird's gemacht:

Nach dem Plan sägen wir die 2 Pressblätter A und B aus 10 mm starkem Sperrholz und bohren durch beide Bretter paßgenau die 4 Löcher für die Schloßschrauben mit 7 mm ∅. Die Presse wird abgeschliffen, grundiert, mit Außenlack überzogen und bunt bemalt.

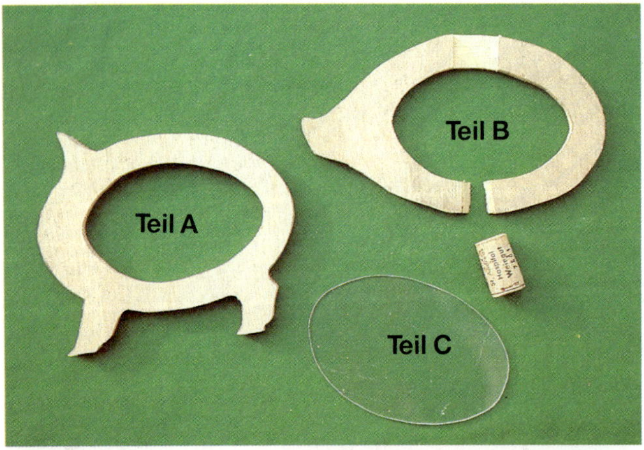

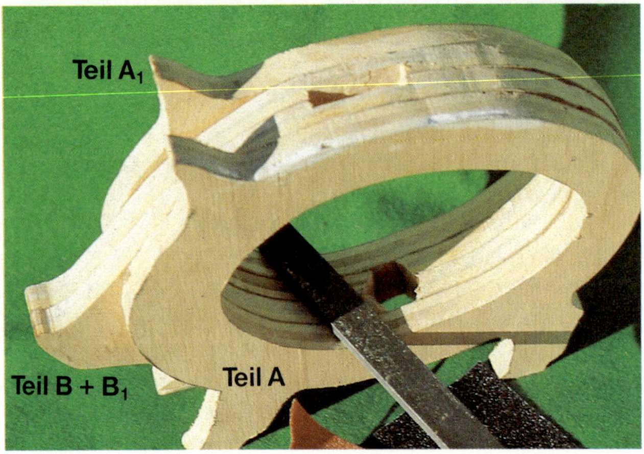

Das gläserne Sparschwein

Sparschweine gibt es in allen Größen, Formen und Farben. Das Originelle an unserem Borstenvieh ist seine Durchsichtigkeit. Das Ersparte ist immer sichtbar. Grund genug, das Schwein öfter zu füttern.

Als Material brauchen wir:

1 Sperrholzplatte 40 × 40 cm, 10 mm stark
1 Plexiglasstück 10 × 30 cm, 3-4 mm stark
Holzleim (UHU coll express), UHU hart,
Hobbyfarben,
Grundierfarbe,
farblosen Lack,
Draht,
1 Rundholz 2,5-3 cm ∅, 4 cm lang oder
1 Flaschenkorken

So wird's gemacht:

Nach dem Schnittmuster werden die Bauteile A + A_1 sowie B + B_1 mit einem starken Sägeblatt aus 10 mm starkem Sperrholz ausgesägt. Die Plexiglasscheiben C + C_1 sägen wir sorgfältig mit einem feinen Sägeblatt aus. In die Bauteile B + B_1 oben, sind der Schlitz für den Geldeinwurf und unten das Loch für die Geldentnahme auszusägen und zu schleifen. Nach dem paßgenauen Zusammenkleben der 4 Bauteile wird die Form mit Feile und Schleifpapier geglättet und abgerundet.

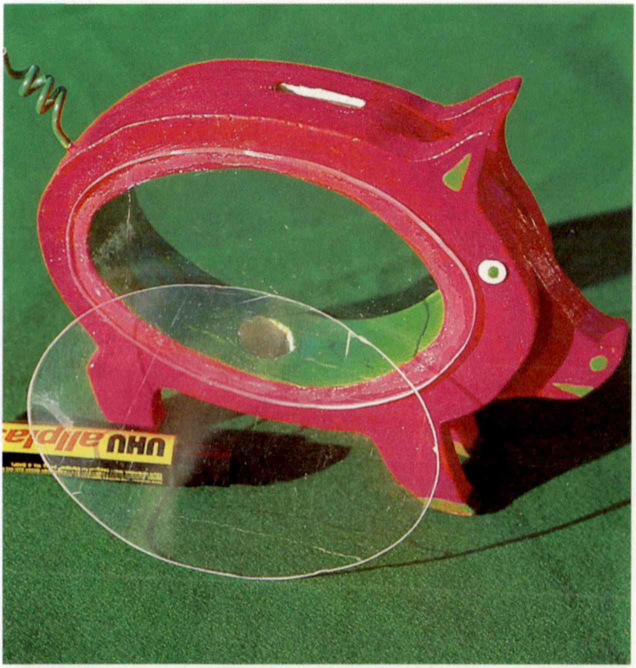

Vorgrundieren und mit Hobbyfarben bemalen! Mit UHU hart die Plexiglasscheiben beidseitig aufkleben und nach dem Trocknen unser Sparschwein mit Klarlack überziehen. Das Ringelschwänzchen aus gedrehtem Draht darf nicht fehlen.

Buchstützen: Elefant und Nashorn

Die imponierenden Kolosse aus dem Serengeti-Nationalpark halten unsere Bücher im Regal standhaft zusammen.

Als Material brauchen wir:

1 Sperrholzbrett 30 × 25 cm, 15 mm stark
1 Sperrholzbrett 20 × 17 cm, 15 mm stark
1 Sperrholzbrett 20 × 15 cm, 15 mm stark
Nägel 25-30 mm lang
farbloser Lack
UHU coll express

So wird's gemacht:

Von der Schnittmusterzeichnung übertragen wir die Tierkörperteile auf das Sperrholz. Mit dem starken Sägeblatt werden sie ausgesägt und die Beine jeweils an den Rumpf geleimt.
Die Buchstützen sind 10 cm breit, 15 cm hoch und 17 cm lang. Sie werden im rechten Winkel geleimt und genagelt. Nachdem die Bauteile sorgfältig abgeschliffen und abgerundet sind, leimen wir die Tiere in die Winkel der Buchstützen und nageln sie von unten und von vorne fest. Die Zeichnung der Tiere wird mit dem Brennstift ausgeführt. Zum Schluß überziehen wir die fertigen Stücke mit farblosem Lack.

Wer andere Tiere lieber mag, kann die nebenstehenden Rasterzeichnungen verwenden. Es ist nicht schwer, sie auf jedes beliebige Format zu vergrößern.

MEYERS TASCHENLEXIKON
1
MEYERS TASCHENLEXIKON
2
MEYERS TASCHENLEXIKON
3
MEYERS TASCHENLEXIKON
4
MEYERS TASCHENLEXIKON
5
21
BAYERN
ÖSTERREICH
OBERITALIEN
25

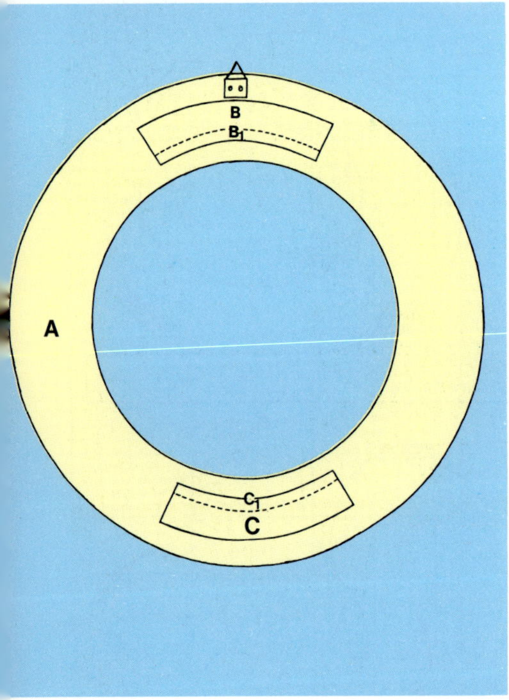

Spieglein, Spieglein an der Wand . . .

Der Spiegelrahmen mit aufgeklebtem Baummotiv ist dem Jugendstil nachempfunden. Mit dunkelgrünem Rahmen und goldbronziertem Braun wirkt dieser Spiegelrahmen besonders dekorativ.

Als Material brauchen wir:

1 Rundspiegel ∅ 20 cm
1 Stück Sperrholz 28 × 28 cm, 6 mm stark
1 Stück Sperrholz 25 × 33 cm, 6 mm stark
Hobbyfarben, Goldbronze, farbloser Lack,
1 Bildaufhänger, UHU hart, Schmirgelpapier (fein)

So wird's gemacht:

Vom Schnittmusterbogen werden die Teile A, B, C, B_1, C_1 + D auf das 6-mm-Sperrholz gepaust, mit feinem Sägeblatt ausgesägt, abgeschliffen und abgerundet.
Den Spiegelrahmen malen wir mit dunkelgrün, das Baummotiv mit Goldbronze an. Beide Teile mit farblosem Lack besprühen.

Spiegelhalterung:

Der Spiegel wird auf der Rückseite des Rahmens oben und unten lose durch die zuerst angeklebten Halterungsstreifen B + C und dann durch die darübergeklebten Streifen B_1 + C_1 gehalten. Wir bringen oben den Bildaufhänger an. Zum Schluß kleben wir auf den linken oder rechten Teil des Spiegelrahmens das Baummotiv.

Der Memofant

Der Memofant ist ein nützlicher Dickhäuter. Wenn wir ihn mit Notizen füttern, erinnert er uns an wichtige Dinge und Daten, die wir z.B. für Haus und Schule brauchen. Außerdem bewahrt er Schlüssel und Flaschenöffner und zeigt uns durch den Abreißkalender jeden Tag an.
Er ist leicht herzustellen.

Als Material brauchen wir:

1 Stück Sperrholz 20 × 30 cm, 6-8 mm stark
1 Stück Sperrholz 7 × 8 cm, 5 mm stark
3 Vierkantleisten 6 × 6 cm
1 Korkplatte 9 × 11 cm, 6-8 mm stark
2 Bildaufhänger
4 Rundhakenschrauben
2 Kopfstifte, mehrere Dekorstifte
1 Kalenderblock
Grundierfarbe, Hobbyfarbe
farbloser Lack
UHU hart

So wird's gemacht:

Zuerst wird die Tierform nach dem Schnittmuster ausgesägt, dann das Abdeckbrettchen. Die Kanthölzer werden auf Maß geschnitten. Das Elefantenohr ist aus Kork. Wir schneiden es mit einem scharfen Messer aus und kleben es auf den Körper. Schließlich werden die Vierkanthölzer, und auf sie das Sperrholzbrettchen, mit dem befestigten Abreißkalender geklebt.

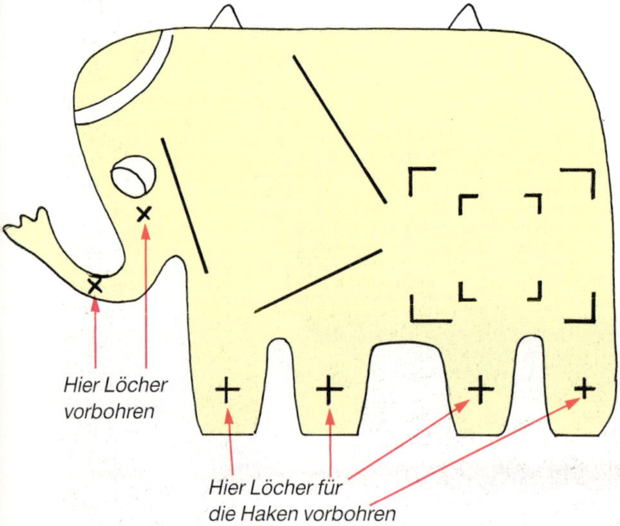

Je nach Geschmack und eigenen Ideen bemalen wir den Jumbo. Nach dem Trocknen farblos lackieren.
Oben an der Rückseite die beiden Bildaufhänger annageln. An den Beinen 2 Rundhakenschrauben und 2 Dekorstifte anbringen. Als Stoßzahn einen weißen Kugelschreiber verwenden, der mit 2 Rundhakenschrauben so befestigt wird, daß er stets griffbereit ist.

Wurf- und Schleudersegler

Der Segler aus Balsaholz ist ein schneller Flitzer, den wir werfen oder mit einer Schleuder starten können.

Als Material brauchen wir:

1 Stück Balsaholz 20 × 50 cm, 5 mm stark
(2 Balsabretter 10 × 50 cm mit UHU hart plan zusammenkleben)
1 Stück Sperrholz 5 × 18 cm, 10 mm stark
2 Kanthölzer Balsa 1 × 1 cm, 20 cm lang
1 Kantholz 1 × 1 cm, 45 cm lang
1 Rundholz ∅ 1,5-2 cm (Besenstiel)
1 Zuggummi 5 cm lang, Unterlegscheiben farbiges Klebeband, farbloser Lack

So wird's gemacht:

Die Bauteile A, B_1, B_2 + C auf das Balsaholz pausen und mit dem scharfen Messer (Teppichmesser) ausschneiden. Die Kanthölzer E, F_1 + F_2 auf Länge schneiden. Die Bugform D wird aus Sperrholz ausgesägt. Oben durch das Rundholz bohren wir ein Loch als Schleudergriff, ziehen das Gummi als Schleife durch und verknoten es vorne. Alle Bauteile abschleifen (mittleres Schmirgelpapier, d.h. mit einer Körnung von 100-200).

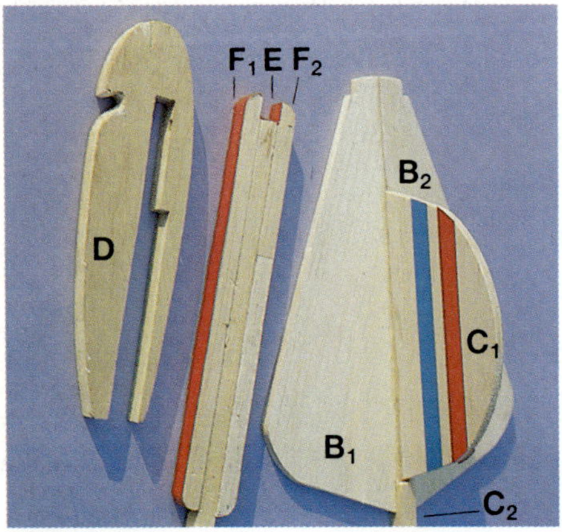

Schrägt man die Vorderkanten des Flügels so ab, wie es die Querschnittszeichnung zeigt, dann bekommt der Segler mehr Auftrieb, siehe unten!

Flügelform ▲ im Querschnitt

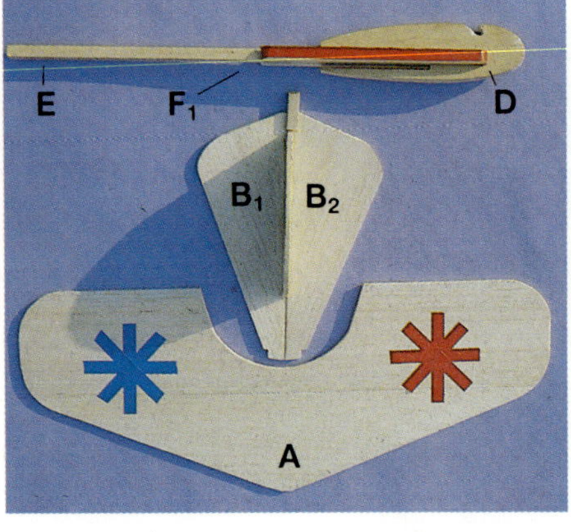

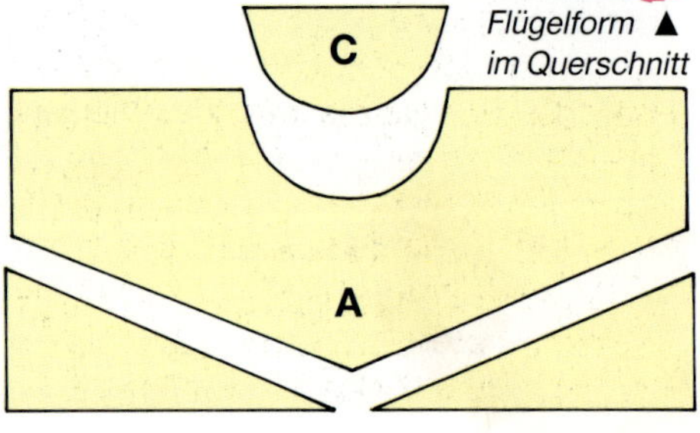

Hier wird der Segler mit einer Schleuder gestartet, aber es geht auch einfach nur mit der Hand, indem man das Flugzeug in die Luft wirft bei guten Windverhältnissen.

Zusammenbau:

Schwanz:
Mit UHU hart werden die Bauteile B_1 + B_2 zusammengeleimt, dann C_1 als Seitenleitwerk in der Mitte senkrecht aufgeleimt. Am Ende des Schwanzes wird das Vierkantbalsa C_2 angeleimt.
Rumpf:
Nach Plan werden die Vierkanthölzer F_1 + F_2 an E geleimt. Nach dem Aushärten des Klebstoffes wird die Bugspitze D vorne am Rumpfstab E eingeleimt. Zum Schluß kleben wir oben die Tragflächen zwischen Bugspitze D und Rumpfleiste E an. Der Schwanz wird vorne und hinten mit Gummiringchen an der Rumpfleiste E + F_1 + F_2 festgebunden.
Zum Gewichtsausgleich wird in die Bugspitze die Schraube mit den Unterlegscheiben eingeschraubt.
Der Segler fliegt gut, wenn er mit Schwung einen Bogen macht; sackt er nach hinten ab, fehlt ihm der Gewichtsausgleich. Dieser wird durch Zugabe von Unterlegscheiben erreicht. Mit Klebeband vorher dekoriert, kann er farblos lackiert werden.

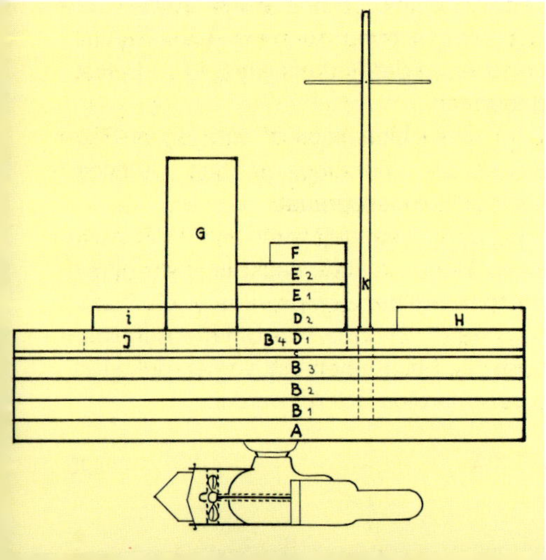

Der Balsa-Dampfer

Ein interessantes Elektroboot, das jung und alt begeistern wird. Mit Ausnahme der Sperrholz-Bodenplatte wird er nur aus Balsaholz in Schichtbauweise gebaut. Der Dampfer schwimmt besonders leicht, in der Badewanne wie im Teich oder Baggersee. Hohen Wellengang mag er allerdings nicht.

Als Material brauchen wir:

1 Stück Sperrholz 10 × 25 cm, 10 mm stark
3 Stück Balsaholz 10 × 25 cm, 10 mm stark
1 Stück Balsaholz 10 × 25 cm, 3 mm stark
Aufbauten: 8 Balsabauteile, 10 mm stark (die aus den Reststücken der Rumpfbretter ausgesägt werden)
1 Holzrundstab 22 cm lang, 5 mm ∅
1 Holzrundstab 6 cm lang, 2 mm ∅
1 Rundkorken, 7 cm lang, 3 cm ∅
1 elektrischer Saugnapfmotor
Hobbyfarben, farbloser Lack
Holzleim (UHU coll express)
Klingeldraht, farbiges Klebeband
Ölspachtel, Grundierfarbe

So wird er auf unserer „Werft" gebaut

Rumpf: Grundbrett A auf 10 mm starkes Sperrholz pausen und aussägen. Genauso verfahren wir mit den Rumpfteilen B_1, B_2, B_3 + C, die mit feinem Sägeblatt aus den 10 mm starken Balsabrettern ausgesägt werden. Auf das Grundbrett A werden mit Holzleim paßgenau die Schichtbretter B_1, B_2, B_3, das Deckbrett C und die Reling B_4 aufeinandergeleimt. Nach dem Aushärten spachteln wir die Unebenheiten aus und glätten den Rumpf mit Schleifpapier.

Aufbauten: Nach Plan werden die Bauteile D_1-K ausgesägt, abgeschliffen und zusammengeleimt. Den Mast stellen wir durch das

Loch im Deck senkrecht auf und kleben ihn am Grundbrett fest. Vor dem Bemalen grundieren wir das Schiffchen. Wenn alles gut getrocknet ist, wird es mit Klarlack seetüchtig gemacht. Unten am Rumpf mittschiffs bringen wir den Saugnapfmotor an. Vom Bug zur Mastspitze und von der Querstange links und rechts zum Heck wird Klingeldraht gezogen. Mit farbigem Klebeband werden die Fähnchen darangeklebt. Mit eingestelltem Steuer schwimmt der flotte Balsa-Dampfer in einer Kreisbahn zu uns zurück.

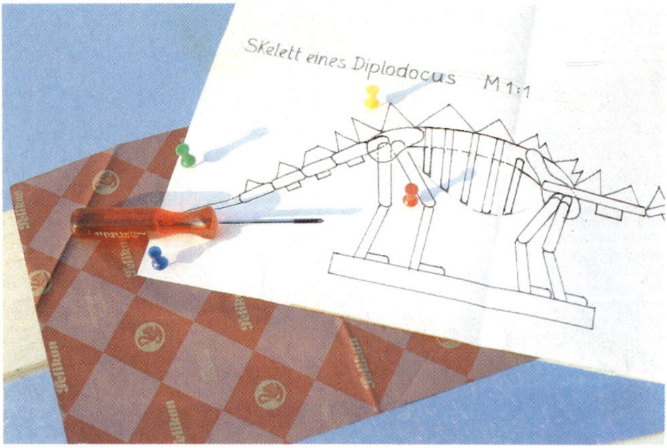

1. Zeichnung des Schnittmusters durchpausen.

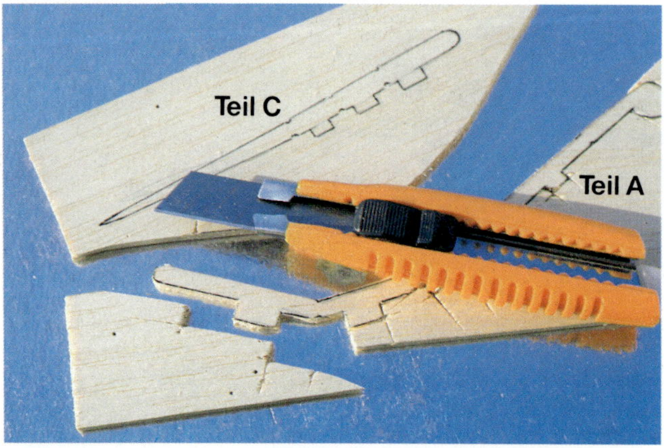

2. Einzelteile mit einem scharfen Messer ausschneiden.

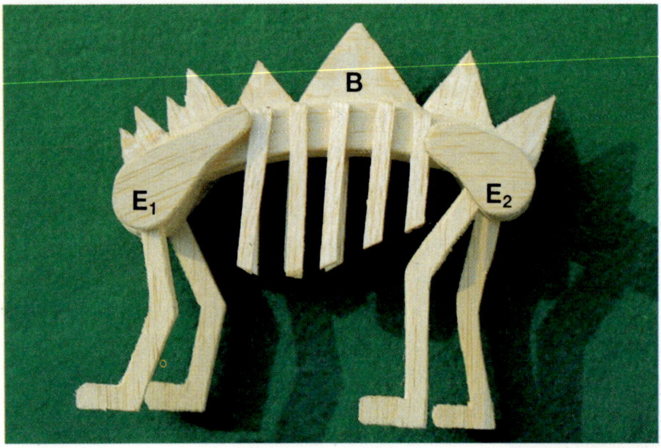

Dinosaurier

(Diplodocus)

Die Dinosaurier lebten in der Jura- und Kreidezeit. Sie erreichten eine Gesamtlänge von über 35 m. Typisch für diese Urechsen: sie hatten einen kleinen Kopf, während Schwanz und Hals überdimensional lang waren. Für uns interessant und lehrreich! Wir bauen stilisiert das Skelett eines großen Dinosauriers etwa im Maßstab 1:100 aus Balsaholz.

Als Material brauchen wir:

1 Stück Balsaholz
10 × 60 cm, 5 mm stark
1 Stück Balsaholz
10 × 25 cm, 3 mm stark
1 Grundbrett Sperrholz
10 × 16 cm, 10 mm stark
UHU hart
Hobbyfarben
farbloser Lack

◀ *So sieht der Rumpf aus mit Rippen, Zackenkörper und Beinen, hier bereits zusammengeklebt.*

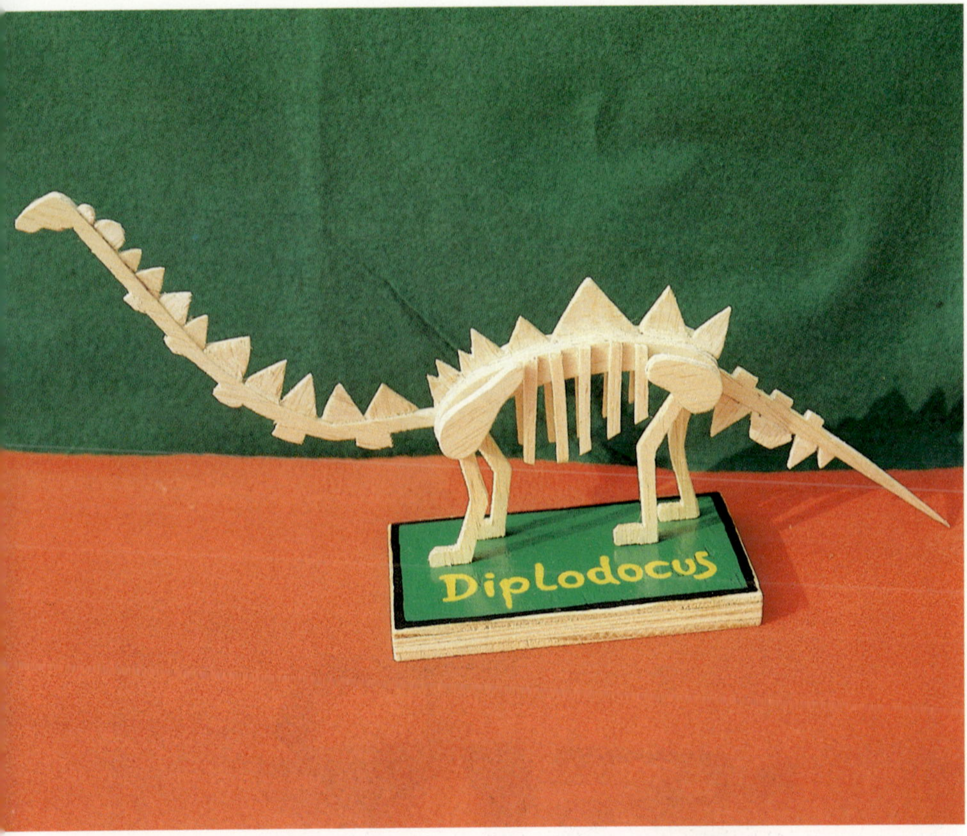

So wird's gemacht:

Zuerst übertragen wir alle Körperteile (Hals A, Rumpf B 3 ×, Schwanz C, Schulter- und Hüftblätter $E_1 + E_2$ und die Beine $D_{1,2,3+4}$ auf das 5 mm starke Balsabrett (siehe Schnittmusterbogen).
Dann schneiden wir sie mit dem Klingenmesser oder sägen sie mit einem feinen Sägeblatt aus.
Sämtliche Teile sorgfältig abschleifen.

Die 3 Rumpfteile B plan mit UHU hart zusammenkleben. In der Mitte vorne und hinten eine Öffnung für Teil A + C ausschneiden. Klebstoff aushärten lassen.

Dann werden ebenfalls beidseitig die Teile $E_1 + E_2$ angeklebt. Die 20 Zackenkörper F und die 10 Rippenteile F_1 pausen wir auf 3 mm starkes Balsaholz auf, schneiden sie aus und kleben sie an die Körperteile A, B + C an.
Das Grundbrett 10 × 16 cm wird aus 10 mm starkem Sperrholz geschnitten, abgekantet und mit Hobbyfarbe bemalt. Den Hals A und den Schwanz C kleben wir in den Rumpf B ein.
Der fertige Dinosaurier der Spezies Diplodocus wird nun auf das Grundbrett aufgeleimt und farblos lackiert.

Taxi-Puzzle

Die Kleinsten werden ihre helle Freude beim Puzzeln des Taxi-Oldtimers haben. Hübsch dekokrativ wirkt das Oldmobil auch als Wandbild. Aber zunächst macht es Spaß, das Puzzle herzustellen!

Als Material brauchen wir:

2 Stück Sperrholz 17 × 28 cm, 6 mm stark
2 Stück Kantholz 17 cm lang, 15 × 20 mm stark
2 Stück Kantholz 24 cm lang, 15 × 20 mm stark
1 Bildaufhänger
Grundierfarben
Hobbyfarben, Goldbronze
farbloser Lack

So wird's gemacht:

Die Autoumrisse werden mit dünnem Sägeblatt aus dem 6 mm starken Sperrholzstück ausgesägt. Anschließend bemalen wir es bunt. Die Puzzleaufteilung wird nach Plan aufgepaust, ausgesägt, abgeschliffen und farblos lackiert. Den Bildhintergrund sägen wir auf 13,5 × 24 cm aus und leimen ihn auf die Grundplatte auf, die exakt die Ausmaße des Bilderrahmens, nämlich 17,5 × 28 cm, haben muß. Der zusammengeleimte Rahmen wird dann einfach auf die Grundplatte geleimt. Das fertige Stück schleifen und spachteln wir und überziehen es mit Goldbronze. Auf der Rückseite nageln wir einen Bildaufhänger an, dann können wir es auch als Bild aufhängen, wenn wir einmal nicht puzzeln.

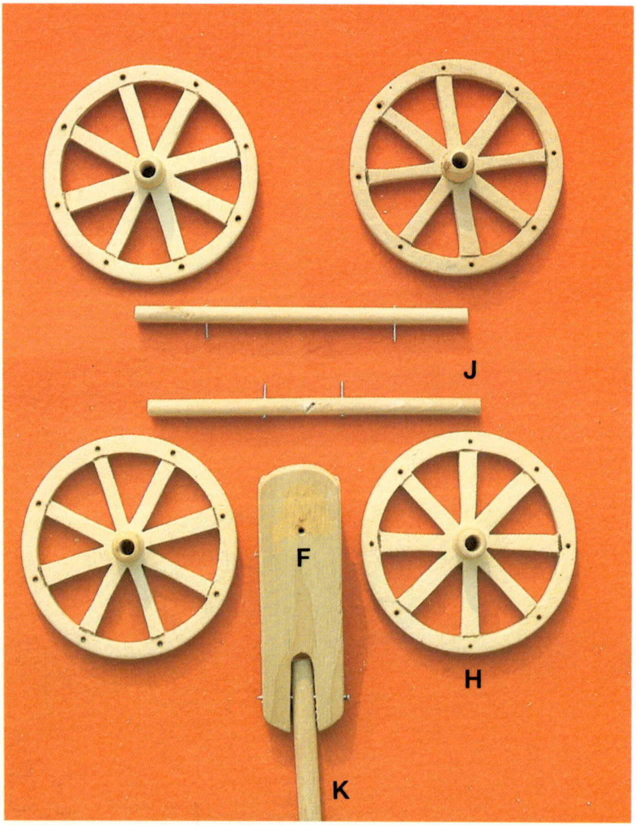

Kastenwagen

Er ist ein Mehrzweckwagen, zum Spielen, als fahrbarer Krims-Krams-Laden oder als Blumenbehälter gedacht. So schwer, wie es zunächst aussieht, ist er nicht zu bauen. Aber wir sollten uns Zeit lassen. Z.B. müssen die 4 Speichenräder sehr sorgfältig ausgesägt werden und die Bohrungen für die Radnaben müssen exakt ausgeführt werden.

Als Material brauchen wir:

Räder:

1 Stück Sperrholz
9 × 36 cm, 5 mm stark
1 Rundholz (Radnaben)
∅ 12 mm, 40 cm lang

Kasten:

1 Stück Sperrholz
20 × 35 cm, 5 mm stark
1 Buchenrundholz,
∅ 8 mm, 20 cm lang
2 Buchenrundhölzer,
∅ 5 mm, je 13 cm lang
1 Holzschraube
1,5 cm lang
Holzleim (UHU coll express)
1 Stift 3,5 cm lang

So wird's gemacht:

Räder:

Die 4 Räder auf 5 mm starkes Sperrholz pausen und mit feinem Sägeblatt exakt aussägen und abschleifen. 4 Buchenrundhölzer, je 1 cm lang, ∅ 12 mm, werden jeweils als Radnaben auf die Räder geleimt. Nach dem Aushärten machen wir die 5-mm-Bohrungen für die Radachsen.

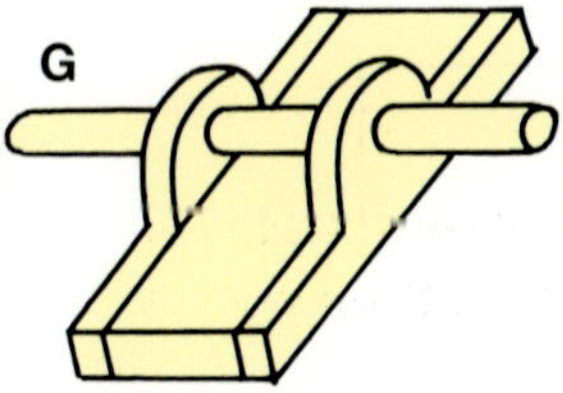

Die Halterung für die Vorderachse

Kasten:

Sämtliche Maße der Bauteile A-E auf 5 mm starkes Sperrholz übertragen und geradlinig aussägen. An das Grundbrett A die Seitenwände B und die Stirnbretter C mit UHU coll express anleimen und bis zum Aushärten des Klebstoffs mit Schraubzwingen festhalten. Die 4 Seitenleisten 2 × E und 2 × D in Position festleimen. Man beachte, daß die Seitenleisten D_2 genau auf demselben Abstand geleimt werden müssen, da sie als hintere Achsenhalterung dienen.

Fahrwerk:

Die Achsen I und die Deichsel K schneiden wir auf Länge ab. Das ausgesägte Drehstück F und die Halterungen G nach Zeichnung zusammen aufleimen.
Hinterradachse so durch die Halterungen D stecken, daß Bewegungsspielraum bleibt. Die Räder an die Achsenenden bündig anleimen. Die Holzschraube, nach Zeichnung durch das Bodenbrett – ebenfalls mit Bewegungsspielraum – mit dem Drehstück F verbinden. Die Vorderradachse wird durch die Halterungen G gesteckt und die Räder an den Achsenenden bündig angeleimt. Das vordere Fahrwerk ist dadurch schwenkbar. Die Zeichnung am Wagen brennen wir ein. Mit farblosem Lack wird das Werkstück besonders haltbar gemacht.

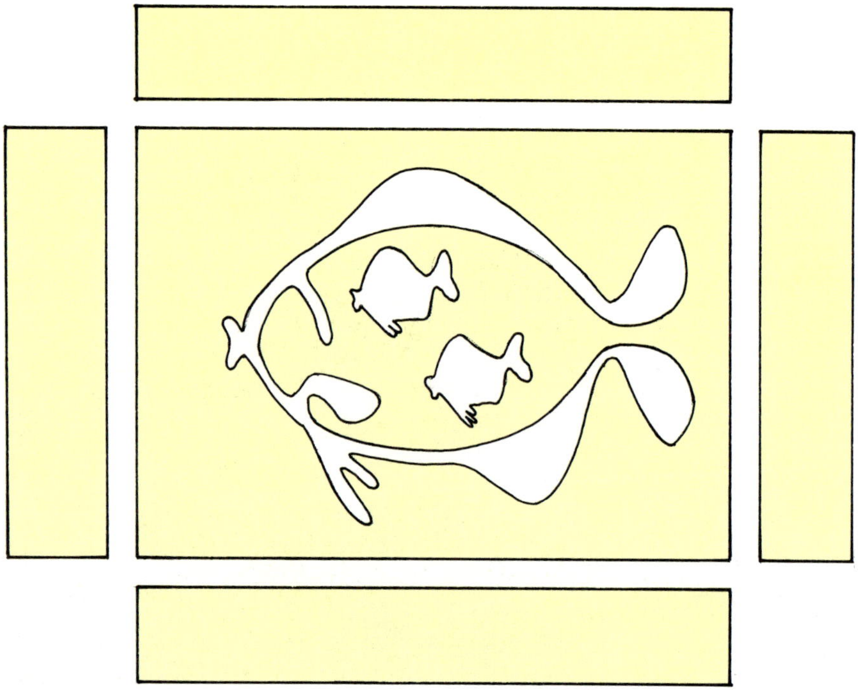

Kugelfisch-Geduldspiel

Das Spiel macht schon beim Basteln Spaß und noch mehr Freude beim Kugelschieben. Mit Geduld und Geschick sind die 4 Kugeln ohne zu „fingern“ in die Mulde des Auges und in die Mulden der Luftblasen zu schubsen. Wetten, daß einer am schnellsten ist? Wenn wir mit den Kugelfischen nicht spielen wollen, hängen wir sie einfach an die Wand.

Als Material brauchen wir:

1 Stück Sperrholz 22 × 32 cm, 8 mm stark
1 Stück Sperrholz 20 × 26 cm, 6 mm stark
4 Sperrholzleisten gesamt 5 × 115 cm, 5 mm stark
4 Kugeln ∅ 8-10 mm (Metall, Ton oder Holz)
Hobbyfarben, UHU hart
2 Bildaufhänger

So wird's gemacht:

Die Maße und Formen übertragen wir für A auf 8-mm-Sperrholz, für C auf 6-mm-Sperrholz und für B auf 5-mm-Sperrholz und sägen vor allem die Fischformen sorgfältig aus. Mit feinem Schmirgelpapier glätten. Nach der Zeichnung werden die 4 Mulden F in das Grundbrett leicht eingefräst (mit einem Rundkopfbohrer). Die Bohrtiefe soll nicht mehr als 5 mm betragen. Auch hier schmirgeln wir. Brett, Fische und Umrandungsleisten malen wir hübsch bunt an. Nachdem die Farben gut getrocknet sind, werden mit UHU hart zuerst der große Fisch, dann die kleinen Fische in richtiger Position auf das Grundbrett – die Umrandungsleisten an dasselbe – geleimt. Wer seine Kugelfische als Bild zeigen möchte, bringt hinten am Kasten links und rechtsseitig Aufhänger an.

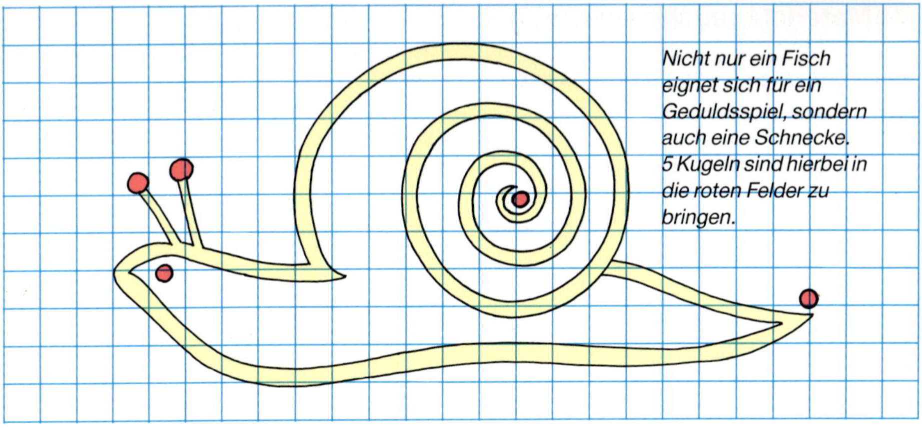

Nicht nur ein Fisch eignet sich für ein Geduldsspiel, sondern auch eine Schnecke. 5 Kugeln sind hierbei in die roten Felder zu bringen.

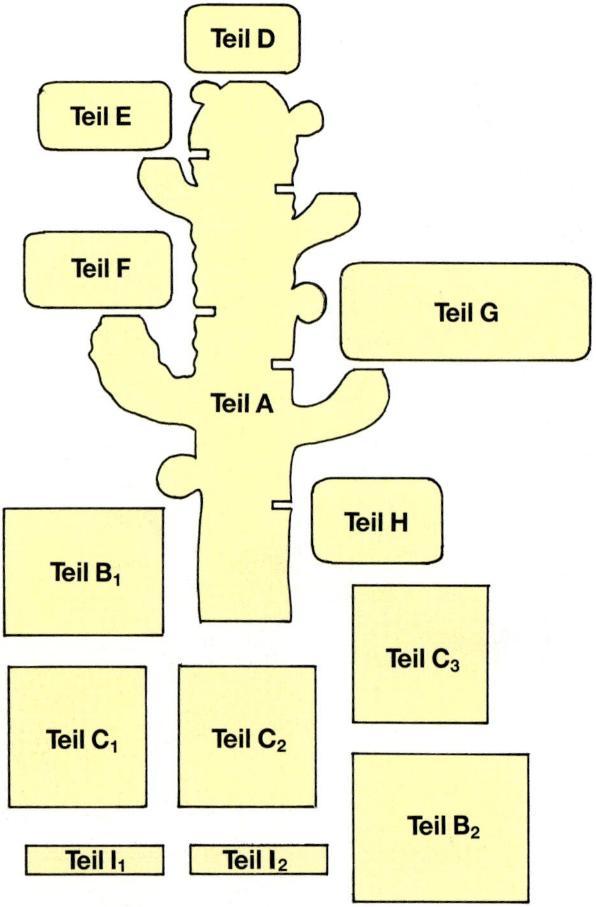

Ein dekorativer Pflanzen- und Kakteenständer

Er ist eine praktische Hilfe für den Pflanzenfreund. Für drinnen und draußen gleichermaßen geeignet, läßt er sich immer in's rechte Licht rükken. Durch mehrfache Anstriche wird er wetterfest.

So wird's gemacht:

Zuerst wird die Säulenform auf das 15 mm starke Sperrholz gepaust und mit einem starken Sägeblatt ausgesägt. Dann werden nach Maßangaben die 5 Bauteile des Pflanzenkastens, und nur aus 8 mm starkem Sperrholz die Pflanzenbretter, ausgesägt.

Als Material brauchen wir:

Teil A: *1 Stück Sperrholz 30 × 60 cm, 15 mm stark*
Teil $B_{1,2}$: *2 Stück Sperrholz 12 × 15 cm, 15 mm stark*
Teil $C_{1,2,3}$: *3 Stück Sperrholz 12 × 12 cm, 15 mm stark*
Teil D: *1 Stück Sperrholz 8 × 14 cm, 8 mm stark*
Teil E: *1 Stück Sperrholz 8 × 15 cm, 8 mm stark*
Teil F: *1 Stück Sperrholz 10 × 20 cm, 8 mm stark*
Teil G: *1 Stück Sperrholz 10 × 24 cm, 8 mm stark*
Teil H: *2 Stück Sperrholz 10 × 24 cm, 8 mm stark*
Teil I: *2 Stück Kanthölzer 2 × 2 cm, 12 cm lang*
Grundierfarbe, Spachtel, Hobbyfarben, Außenlack,
6 Holzschrauben 2 cm lang, 14 Holzschrauben Flachkopf,
Holzleim (UHU coll express), Kies oder Splitt

Der Zusammenbau:

Sämtliche Bauteile werden mit der Feile geglättet (gekantet) und mit grobem und dann mit feinem Schmirgelpapier abgeschliffen. Zum Befestigen der 6 Pflanzenbretter an der Säulenform sägen wir nun nach der Positionsangabe die 8mm breiten und 2cm langen Schlitze ein. Die Bretter werden auf ihre waagrechte Lage eingepaßt, dann eingeleimt und an den Auflagestellen zusätzlich mit je einer Flachkopfschraube angeschraubt. In der Mitte des Bodenbrettes wird nun die Säulenform von oben angeleimt und zusätzlich von unten mit 2 Holzschrauben angeschraubt. An diesen rechtwinkligen Verbindungsstellen von Form und Brett sorgen je 2 angeleimte Vierkanthölzer für zusätzliche Stabilität. Die Seitenwände werden, wie es die Zeichnung angibt, am Bodenbrett und gegenseitig angeleimt und angeschraubt.

Anstrich:

Der Ständer wird mit Grundierfarbe gestrichen, ausgespachtelt und glattgeschliffen. Der zweimalige Anstrich muß gut trocken sein, bevor zum Schluß der farblose Lack aufgetragen wird. Den Pflanzenkasten füllen wir mit Kies; so erhöht sich die Standfestigkeit des Pflanzenständers.

Ist der Ständer mit einem guten Anstrich versehen, so können wir ihn jahreszeitlich bedingt, auch im Freien aufstellen, z.B. auf dem Balkon oder auf der Terrasse.

Vesper- und Wandbrettchen mit russischen Motiven

Zum Schluß möchte ich dazu ermuntern, sich an die Nachahmung russischer Volkskunst zu wagen.
Zunächst geht es um die Herstellung der typischen Vesperbrettchen. Naheliegend ist es, sie aus 10-12 mm starkem Sperrholz auszusägen. Je nach dem beabsichtigten Motiv wählen wir eine der üblichen Formen.

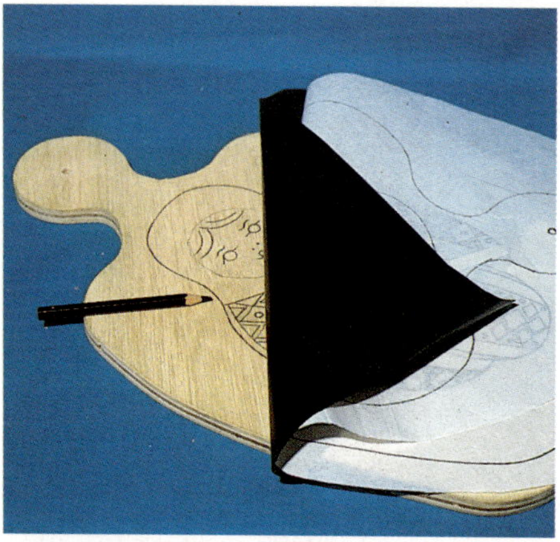

Das Besondere an unseren Brettchen soll das *Motiv* sein: Wir wählen Vorlagen aus der russischen Volkskunst, z.B. eine Kalinka. Diese oder andere Vorlagen sind weit verbreitet. Die starke Stilisierung ermöglicht eine Malweise, bei der die Konturen mit dem Brennstift gezogen werden.

Als Material brauchen wir:

1 Stück Sperrholz ca. 25 × 40 cm,
10-12 mm stark
Lackfarben, Lasurfarben (Wasserfarben),
farbloser Lack, Brennstift

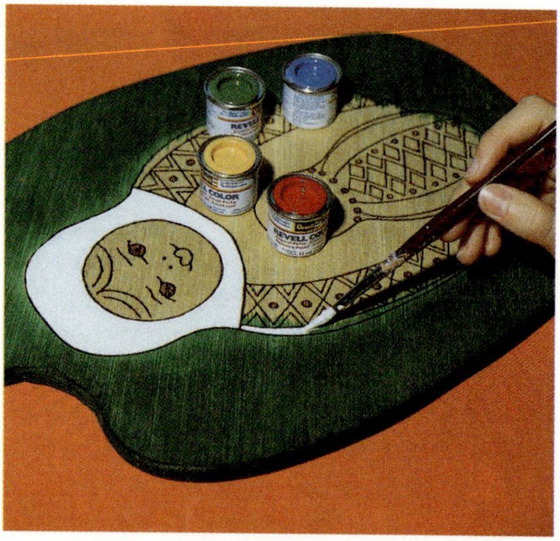

So wird's gemacht:

Die gewählte Form wird auf das Sperrholz gepaust und ausgesägt. Dann pausen wir unser Motiv auf die glattgeschliffene Holzoberfläche und brennen die Konturen mit einem Brennstift ein. Unter Aussparung des Motivs bemalen wir den Hintergrund des Brettchens satt mit Wasserfarben. Hierfür sind leuchtende Grundfarben zu bevorzugen, also Rot, Blau oder Grün. Nun werden Teile der Zeichnung mit Lackfarben ausgemalt. Wenn alle Farben gut nachgetrocknet sind, streichen wir das Brett noch mit farblosem Lack. Dadurch kommen die Farben noch mehr zum Leuchten, und das Vesperbrett ist wasserfest.

Auswahl aus über 420 TOPP-Titeln

Mit Papier gestalten

1099 Wurst, Papier falten und kleben
788 Sakata, Origami
861 Stettler, Papierfiligrane = Quilling
924 Wurst, Quilling Vorlagen DIN A 4
714 Kühnemann, Scherenschnitte
869 Wurst, Spaß mit Tapetenresten
1093 Lütkebohmert, Laternen

Mit Farbe gestalten

601 Gaißer, Papierbatik
767 Gaißer, Marmorieren
1061 Braren, Aquarellmalerei Einführung
900 Stähle, Kalligraphie

Plastisch gestalten

910 Hettinger, Freude am Modellieren
1094 Zechlin, Modellieren mit Kindern
922 Terhoeven, Bilder modellieren
985 –, Exquisiter Schmuck aus Fimo
1083 Kühnemann, Mod. Ketten modelliert
793 Hettinger, Salzteig, Bilder + Figuren
868 Hettinger, Salzteig, neue Ideen
1002 Buresch, Salzteig, Schritt für Schritt
911 Buresch, Puppenkurs (Salzteig)
1019 Hettinger, Salzteig, Neue Wege
878 Rübsam, Keram. Gefäße gegossen
858 Kaupisch, Freizeittöpfern
1010 Niederreuther, Gießtöpfern
1020 Lumm, Keramik bemalen
1046 Rosin, Glasuren und Anwendung

Mit Blumen gestalten

859 Rohrer, Dekoration. m. Schnittblumen
1032 Matsunaga, Ikebana Tischgestecke
842 Dilger, Winterliche Gestecke
1008 Frank, Gepreßte Naturschönheiten
932 Holl, Natur-Collagen
978 Holl, Zierbäumchen aus Naturmaterial
903 Schurr, Bäumchen + and. Dekorat.
913 Walz, Kränze aus Naturmaterial
1095 Walz, Kränze als Heimschmuck
961 Seehuber, Chiemg. Kostbarkeiten
1047 –, Chiemgauer Gebinde elegant
1066 Schwarz, Biedermeiergebinde
970 Raffel, Trockenblumen gestalten
966 Schurr, Geschmücktes Heim
999 Roder, Hüte folkloristisch dekoriert

Mit Naturmaterial gestalten

703 Rensing, Basteln mit Körnern
1087 Walz, Zapfen, ein natürliches Material
713 Fleischer, Peddigrohr, prakt./dekor.
734 Jüngling, Stroh, Sterne + Schmuck
545 Kühnemann, Steine geklebt + bemalt
817 Roll, Bemalte und bedruckte Steine

Pflanzen- und Gartenhobby

914 Vocke, Hydrokultur
1011 Schurr Hochstämmchen selbstgez.
1085 Heuzeroth Bauerngarten
1013 –, Natürlicher Kräutergarten
1022 v. Hennet, Naturteich im Garten
794 v. Sengbusch, Feldbackofen

Mit Holz gestalten

698 Friedrichs, Laubsägen
1068 Wieser/Weller, Holzschnitzen
528 Jeep, Kerbschnitzen
585 Wilhelm, Drechseln für jedermann
956 Wilhelm, Drechseln, Mappe 2
642 Lumm, Brandmalkunst
931 Grauwiller, Brandmalerei-Dekore
632 Weiß/Steinigans, Wäscheklammern
927 Glende, Orig. a. Wäscheklammern
718 Lumm, Volkskunst Bauernmalerei
530 Kühnemann, Bauernmalerei, Einfg.
829 Gratzl, Spanschachteln, Mappe 13
1059 Erd, Naturnahe Blumenmalerei, 20

Glas und Porzellan

702 Brunner, Glasritzen
765 Kühnemann, Glasritzen, Mappe
766 Lumm, Glasritzschule, Mappe
777 Kühnemann, Glasätzen
893 Lederle, Glasätzen Spiegel, M. 2
804 Pratsch, Glasbilder nach Tiffany
855 Pratsch, Lampen in Tiffany-Technik
976 Remmert, Gewächshäuschen nach Tiffany, Grundaufbau
972 Kerscher, Tiffany 9 – Lampen
974 Pratsch, Tiffany 11 – Fenster
975 Remmert, Tiffany 12 – Spiegel
994 Falkenstein, Tiffany 13 – Fensterbilder
1054 Wilfer, Tiffany 18 – Glashäuschen
1071 Oelmaier, Tiffany 19 – Spiegel
1030 Haarhaus, Tiffany 20 – Glasobjekte
1097 Lembke, Tiffany-Schmuck
803 Lumm, Porzellan-Malschule
935 Kesten, Porzellanmalerei
1014 Viggiani, P-malerei terzo fuoco
1015 –, Die Kunst der Porzellanmalerei
990 Sigg, Porzellanmalerei Mappe
916 Polla, Malen auf Porzellan

Metallarbeiten

925 Schöni, Kupferritzen
548 Neumann-Leiminger, Metalldrücken
982 –, Metalldrücken Vorlagen-Mappe
658 Göhs, Galvanisieren
920 Haid, Aus Gold- und Silberdraht
751 Meidenbauer, Zinnfiguren

Textiles Werken

864 Diekmann, Garne spinnen
675 Kühnemann, Weben - Einführung
905 Täubner, Weben mit Stäbchen
832 Frankl, 124 Strickmuster
856 Fischer, Kunststricken – Einführung
963 Fischer, Kunststricken 2
611 Zechlin, Wollreste
511 Buchwald, Hüttensocken gestrickt
1005 Piechulek, Strickmützen
958 Sorger, Stickerei als Volkskunst
948 Frankl, Spitzen für Taschentücher
1072 Harms, Bordenstickerei
1077 Brüggemann, Hardanger Stickerei
744 Bellon, Klöppeln – kleiner Lehrgang
1055 Simon, Bilderklöppeln, Mappe 9
1070 Saupe, Klöppel-Kunst
791 Graff-Höfgen, Occhi – Einführung
895 Walz, Neue Blumenampeln
929 Niesseler, Makramee und Weben
943 Wenzky, Sprang
947 Peltola, Nähen mit der Nähmaschine
1076 Meinhardt, Freizeitkleidung nähen
1003 Kühnemann, Spannquadrate
810 Glende, Applikationen

Stoffe färben + bemalen

633 Wildschütte, Batiken – Lehrgang
1016 Schmidt, Stoffdruck Wege
1084 Blenkers, Textiles m. mod. Gags
769 Digne, Auf Seide malen
849 Kühnemann, S'.malen Grundtechn.
1006 Barthelmes, S'malerei Modetrend
1024 Sakai, Seidenmalerei Mappe 7
971 Keller, Seidenmode, handbemalt
1065 –, Watt. Pullover aus bemalter Seide
1064 –, Seidentücher
1063 Fausel, Krawatten aus Seide bemalt
949 Gaißer, Marmorieren auf Seide
813 Krauss, Textile Miniaturen

Puppen + Spieltiere

1027 Reinckens, Puppen zum Liebhaben
957 Ganter, Puppenkinder...
986 Franck, Puppengarderobe 1
987 Franck, Puppengarderobe 2
1036 Rasimus, Nähen für Puppen
946 Aurin, Puppenkleidung stricken
938 Seyd, Porzellanpuppen
1025 –, Puppenkleidung für Babypuppen
1053 –, Puppenkldg. f. Charakterpuppen
996 –, Buchhalter, Milieufiguren
863 Wittke, Gestrickte Handspiel-Tiere
1004 Zechlin , Stofftiere mit Pfiff
1078 Seyd, Stilvolle Teddys nähen

Weihnachten und Ostern

743 Wurst, Adventskalender
1018 Glende, Adventsschmuck zeitlos
731 Kühnemann, Basteln Weihnachten
965 Kauffmann, Weihn. Raumschmuck
1017 Glende, Christbaumschmuck
1090 Hettinger, Weihn. Basteln
843 Walz, Weihnachtliches aus Stroh
1000 Haid, Rauschgoldengel
728 Rensing, Wir basteln Krippenfiguren
730 Frischmann, Figuren für die Krippe
1009 Bösch, Krippendarstell. aus Rupfen
1089 Erlenmaier, Krippenfiguren aus Ton
923 Walz, Fröhliches Osterbasteln
1000 –, Familienbasteln zu Ostern
1056 Rensing, Österlicher Schmuck
1029 Holl, Gestecke für Ostern + Frühjahr
991 Harms, Das schöne Ei
1058 Köhler, Kunst auf Eiern, Band 1

Verschiedenes

745 Buttig, Das ganze Jahr Kinderfest
928 Scholz, Perlen gestickt + gewebt
784 Zimmermann, Perlen
1025 Kerzen verzieren
1069 Schray, Kerzen tunken
589 Zechlin, Einbetten in Gießharz
1074 Fasnacht, Stegemail
1041 Kühnemann, Kristallglas-Kugeln
1060 Hettinger, Kästchen + Dosen
937 Laue, Hübsch verpacken